RECOURS AU CONSEIL D'ÉTAT

DE

MGR LE DUC D'AUMALE

ET M. MICHEL LÉVY

Contre la décision du Ministre de l'intérieur, du 18 juin 1866.

Plaidoiries de MM^{es} COUROT & GROUALLE, avocats.

Conclusions de M. AUCOC, Commissaire du Gouvernement.

DÉCRET DU 9 MAI 1867.

ANNEXES. — 1° Procès-verbal de saisie, du 19 janvier 1863 ; — 2° Jugement du Tribunal de la Seine, du 20 mai 1863 ; — 3° Arrêt de la Cour de Paris, du 16 juillet 1864 ; — 4° Arrêt de la Chambre des requêtes de la Cour de cassation, du 15 novembre 1865 ; — 5° Décret du 31 mars 1865, sur la demande en autorisation de poursuites contre M. le Préfet de police ; — 6° Décision du Ministre de l'intérieur, du 18 juin 1866 ; — 7° Avis et déclaration de M. le ministre de l'intérieur, du 3 janvier 1863.

PARIS,

IMPRIMERIE DE E. BRIÈRE

RUE SAINT-HONORÉ, 257.

—

1867.

PLAIDOIRIES

DE

MM^{es} COUROT & GROUALLE, Avocats,

ET

CONCLUSIONS

DE

M. AUCOC, Commissaire du Gouvernement.

Me Courot.— Avant d'aborder la discussion , permettez-nous de vous rappeler en quelques mots les principaux faits de la cause; permettez-nous de vous faire connaître brièvement les nombreuses phases que ce trop long procès a déjà parcourues.

S. A. R. Mgr Henri d'Orléans, duc d'Aumale, auteur d'une histoire des princes de Condé pendant les XVIe et XVIIe siècles, voulant publier cet ouvrage en France, s'adressa à M. Michel Lévy, éditeur.

M. Michel Lévy, après avoir pris connaissance du manuscrit de cet ouvrage, après avoir bien constaté (ce que personne encore aujourd'hui ne conteste) qu'il ne contenait aucune attaque à nos institutions politiques actuelles, se chargea de cette publication.

Une convention intervint à ce sujet entre l'auteur et l'éditeur.

Les formalités requises par la loi avant l'impression furent régulièrement et scrupuleusement accomplies. Ainsi, dès le 9 avril 1862, une première déclaration fut faite au ministère de l'intérieur, indiquant le nom de l'auteur, le titre et l'importance de l'ouvrage.

Par suite de nouvelles modifications, apportées dans le plan général de l'ouvrage, cette déclaration fut renouvelée le 12 janvier 1863.

L'administration connaissait donc parfaitement la nature de la publication que se proposait de faire M. Michel Lévy, et elle laissa cette opération commerciale s'exécuter librement pendant près de dix mois.

Déjà le tirage définitif était commencé et la plus grande partie des feuilles destinées à former le premier volume avait été remise au brocheur Langlois, lorsqu'un commissaire de police procéda à la saisie de ces feuilles et s'opposa à la continuation du travail (19 *janvier* 1863).

Mgr le duc d'Aumale et M. Michel Lévy, après avoir vainement essayé d'obtenir à l'amiable la restitution des exemplaires saisis, appelèrent M. le préfet de police devant le Tribunal de 1re instance de la Seine, afin d'obtenir cette restitution et de faire reconnaître le droit qu'ils prétendaient avoir de terminer l'impression commencée.

Pour repousser cette demande, M. le préfet invoque d'abord l'incompétence du Tribunal, puis ensuite cherche à s'abriter derrière l'art. 75 de la constitution de l'an VIII, soutenant que l'autorisation de poursuite devait être produite.

Le Tribunal accueillit cette dernière exception par son jugement, en date du 20 mai 1863.

Les exposants s'empressèrent d'interjeter appel; mais la Cour impériale de Paris confirma la décision des premiers juges, par son arrêt du 16 juillet 1864.

Pourvoi en cassation.

Devant la Cour suprême, nous avons soutenu que l'arrêt du 16 juillet avait violé l'art. 75 précité à un triple point de vue;

Que cet article était inapplicable à la cause, à raison :

1º *De la qualité* de l'adversaire, — action intentée contre l'administration et non contre le préfet;

2º *Du but* de l'action, — revendication;

3° *De la nature des faits reprochés*,—étrangers aux fonctions d'un agent du gouvernement.

La Chambre des requêtes de la Cour de cassation, après un délibéré de deux jours, rejeta notre pourvoi le 15 novembre 1865.

Nous avons demandé alors à votre section de législation l'autorisation de poursuite dont on nous faisait une obligation absolue.

Tout en établissant que cette autorisation n'était pas utile, nous avons conclu à ce quelle nous fût accordée si le Conseil la jugeait nécessaire.

Le 31 mars 1866, votre section de législation, se fondant sur ce que M. le préfet de police avait, le 19 janvier 1863, procédé en vertu des ordres de son supérieur hiérarchique, refusa l'autorisation demandée.

Dans cette circonstance, Mgr le duc d'Aumale et M. Michel Lévy se sont adressés à M. le ministre de l'intérieur pour obtenir l'annulation de la mesure prise et la restitution des exemplaires saisis.

Le dépôt de ce recours, soit dit en passant, n'a pas été reçu sans difficulté, chacune des divisions de ce ministère prétendant, non sans raison, que les faits reprochés étaient en dehors de ses attributions.

Il fut admis cependant par le secrétariat général et, le 18 juin 1866, M. le ministre de l'intérieur repoussa notre demande par les motifs que voici :

Paris, le 18 juin 1866.

Monsieur,

Vous avez déposé le 9 juin au ministère de l'intérieur, au nom de M. le duc d'Aumale et de M. Michel Lévy, deux demandes en annulation de la mesure prise par M. Boitelle, préfet de police, chargé de la direction de la sûreté publique, le 19 janvier 1863, relativement à une histoire des Princes de la Maison de Condé.

Cette mesure avait été prescrite par le ministre chargé du département de l'intérieur. M. le duc d'Aumale et M. Michel Lévy ont successivement saisi l'autorité judiciaire et le conseil d'Etat ; enfin, un décret impérial, du 31 mars 1866, a refusé aux requérants l'autorisation de poursuivre le préfet de police, en constatant qu'il avait agi en vertu des ordres de son supérieur hiérarchique.

Dans cette situation, il ne saurait y avoir lieu de revenir sur la décision du 19 janvier 1863, et j'ai l'honneur de vous en informer.

Agréez, etc.

Le ministre de l'intérieur,
Signé : LAVALETTE.

Ainsi, Messieurs, depuis plus de quatre années, une propriété privée a été saisie, un obstacle absolu a été apporté à l'exécution d'une convention légalement, loyalement formée, depuis plus de quatre années, nous demandons satisfaction par tous les moyens que le législateur à mis à notre disposition.

Or, non-seulement nous n'avons pas pu obtenir jusqu'à présent la restitution des exemplaires saisis et la reconnaissance de notre droit, mais encore partout et toujours nous avons été repoussés par une fin de non-recevoir :

Devant les Tribunaux ordinaires, pour défaut d'autorisation préalable prescrite par l'art. 75 de la constitution de l'an VIII ;

Devant la section de législation, parce que M. le préfet avait agi en vertu des ordres de son supérieur hiérachique ;

Devant M. le ministre, parce que nous avions déjà saisi l'autorité judiciaire et que la section de législation nous avait refusé l'autorisation de poursuite.

Modifiant ainsi son exception, selon les degrés de juridiction, l'administration est parvenue à faire fermer successivement devant nous toutes les portes de la justice.

Si l'ouvrage en question contient une attaque contre nos institutions politiques actuelles, qu'il soit déféré aux Tribunaux, nous le comprenons, nous le demandons même.

Mais si, au contraire, il est irréprochable (comme l'administration le reconnaît elle-même, puisqu'elle refuse obstinément de nous poursuivre), pourquoi ne pas nous rendre les exemplaires saisis ?

Pourquoi surtout avoir laissé sciemment s'exécuter *en partie* une convention que l'on était résolu à interdire absolument ?

Des dépenses considérables ont été faites, des intérêts sérieux, respectables ont pris naissance.

Doivent-ils donc être abandonnés sans protection au pouvoir discrétionnaire de l'administration?

C'est cependant ce qui arriverait si vous repoussiez encore nos recours par une fin de non-recevoir.

En résumé, quelque nom que l'on donne à l'acte du 19 janvier 1863, il faut reconnaître qu'à l'égard des exposants, c'est une véritable confiscation et une confiscation d'une nature bien étrange puisqu'elle serait sans règle, sans autres limites que le bon vouloir de l'administration.

Ajoutons que, même en admettant avec M. le ministre de l'intérieur que l'acte en question fût une mesure de haute police, il n'échapperait pas pour cela à votre appréciation.

Je laisse à mon honorable confrère le soin de vous démontrer, les textes à la main, que non-seulement nos recours sont recevables, mais encore qu'ils sont parfaitement fondés.

———————

M.ᵉ GROUALLE, président de l'ordre des avocats au Conseil d'Etat :

MESSIEURS,

Les faits viennent de vous être exposés; j'entre directement dans la discussion des questions que la décision de M. le ministre de l'intérieur a forcé Mgr le duc d'Aumale et M. Michel Lévy de soumettre à votre examen. Ces questions sont graves, et je retiendrai peut-être votre attention plus longtemps que je ne le voudrais. Je vous prie de m'accorder toute votre bienveillance.

La difficulté que soulève ce recours a un double aspect, l'un plus large, l'autre plus restreint, et nous nous demandons d'abord si les obstacles opposés par l'administration aux réclamations de Mgr le duc d'Aumale et de M. Michel Lévy, devant l'autorité judiciaire à tous ses degrés, et même devant vous, ont un caractère général, absolu, ou si au contraire il faut les considérer comme exclusivement liés à cette circonstance qu'il s'agissait d'un ouvrage écrit par un prince exilé.

Je crois, Messieurs, que des principes généraux sont engagés dans ce débat, et qu'il faut condamner les doctrines élevées par l'autorité administrative aussi bien que l'application qui en a été faite à l'histoire des princes de Condé.

C'est ce que je vais démontrer.

Je dis d'abord qu'il s'est produit dans cette affaire une doctrine générale : cela est-il vrai?

Où peut-on, Messieurs, trouver une réponse à cette question essentielle, capitale, qui domine la première partie de notre discussion? —Assurément c'est dans les déclarations de l'autorité administrative elle-même. Examinons donc quelle a été son attitude.

M. le préfet de police, M. le ministre ont-ils dit : « Ce que nous faisons, nous n'aurions pas le droit de le faire contre un écrivain ordinaire ; mais il s'agit d'un exilé et nous ne voulons pas qu'une page de l'histoire de notre pays, écrite par un prince de la famille d'Orléans, puisse arriver à la publicité? »

Ils n'ont pas tenu ce langage.

Rappelez-vous, Messieurs, quelques dates et parcourez rapidement les phases diverses des procédures qu'il nous a fallu traverser.

Le 19 janvier 1863, les deux volumes édités par M. Michel Lévy, imprimés par M. Claye, sont saisis avant toute publication, en vertu d'un ordre émané de M. le préfet de police de la Seine.

Avant la publication, il ne peut pas y avoir de délit en matière de presse ; la saisie était irrégulière : négligeons ce détail. Mais la loi ne veut pas que le maintien d'une saisie puisse dépendre de l'autorité administrative, à qui elle impose l'obligation d'en référer, dans les vingt-quatre heures, à l'autorité judiciaire.

Il fallait donc poursuivre ou restituer, car le silence après la saisie c'est un aveu implicite de son illégalité. On s'est mis au-dessus de la loi et on a gardé le silence.

Mgr le duc d'Aumale, M. Michel Lévy ne craignaient pas le contrôle de la justice, et, après avoir inutilement attendu, sollicité même une poursuite devant les Tribunaux correctionnels, ils ont dû s'adresser à la juridiction civile. Que leur a répondu M. le préfet de police? Ceci : « Je n'ai pas agi en ma qualité d'officier de police judiciaire; j'ai agi en ma qualité d'agent administratif; ma saisie a les caractères d'un *acte administratif*; l'autorité judiciaire est incompétente pour l'apprécier. »

Voilà le premier obstacle. Est-il général ou individuel? Pourrait-il se reproduire toujours et contre tous? — Il est général et pourrait se reproduire. Cela est évident.

Mgr le duc d'Aumale, M. Michel Lévy combattent la doctrine de M. le préfet de police ; ils soutiennent qu'en matière de presse il n'y a qu'un seul genre de saisie qui soit autorisé par la loi, et repoussant ce double rôle, cette double qualité, ce double pouvoir qu'on leur oppose, ils insistent pour obtenir la restitution qui leur est due. Alors, M. le préfet de police leur répond : « Si vous accusez mon acte d'illégalité, vous m'accusez d'avoir commis un abus de pouvoir dans l'exercice de mes fonctions. J'invoque l'art. 75 de la constitution de l'an VIII ; vous ne pouvez suivre, même votre action civile en restitution de la chose qui vous appartient, qu'après avoir obtenu une autorisation du Conseil d'Etat. »

Etait-ce encore là une exception générale et qui menace tout le monde? C'était une exception générale. Continuons.

L'autorité judiciaire a écarté, contrairement à notre attente, les questions de légalité et de propriété; elle a admis l'exception tirée de l'art. 75 de la constitution de l'an VIII ; elle a déclaré même son incompétence.

Mgr le duc d'Aumale, M. Michel Lévy demandent au Conseil d'Etat l'autorisation d'agir contre M. le préfet de police. M. le ministre intervient; il couvre son agent, et à cause de cela l'autorisation n'est pas obtenue.

Alors on s'adresse à M. le ministre lui-même ; car enfin il faut que cette situation puisse avoir quelque part son dénouement. Mgr le duc d'Aumale, M. Michel Lévy demandent à M. le ministre d'annuler la saisie administrative qu'il a prescrite. La décision de M. le ministre refuse cette annulation ; cette décision nous l'attaquons devant vous, et un troisième obstacle se dresse pour nour arrêter encore. Quel est-il?

M. le ministre nous dit : la saisie que j'ai ordonnée est une mesure de *haute police*, le conseil d'Etat doit, comme le Tribunal, se déclarer incompétent.

Nous apprécierons plus tard la théorie de ce qu'on appelle

les mesures de haute police, mais nous constatons quant à présent que M. le ministre ne prétend pas, même devant le Conseil d'Etat, qu'il a pris une mesure *exceptionnellement autorisée* par une *loi exceptionnelle* contre les princes de la famille d'Orléans. Sa réponse est plus large et plus compréhensive. La saisie du 19 janvier 1863, le refus de poursuivre, le refus de restituer, sont pour lui des mesures de haute police, et cela suffit, à ses yeux ; le Conseil d'Etat devra proclamer son incompétence et avec elle apparemment le pouvoir sans bornes de l'autorité administrative.

Le dernier obstacle n'est donc pas moins absolu que les deux premiers, et j'ajoute qu'il serait bien autrement redoutable, puisqu'il laisserait le mal sans remède.

Ainsi, vous le voyez, Messieurs, la saisie administrative s'affirme comme une doctrine qui n'atteint pas seulement les bannis ou les exilés ; et c'est la liberté de la presse elle-même qu'elle menace.

Au surplus, il ne faudrait pas croire que nous créons à plaisir cette thèse générale pour donner à notre discussion des allures plus faciles.

L'éditeur, le publicateur du livre, le propriétaire des feuilles saisies et que l'on garde, ce n'est pas un banni ou un exilé, c'est M. Michel Lévy, et M. Michel Lévy doit trouver des juges parce qu'il a usé d'un droit inviolable, et parce qu'il est toujours prêt à accepter la responsabilité de la publication qu'il a voulu faire.

Qu'importe que l'auteur soit un prince de la famille d'Orléans ?

Si le nom de l'auteur n'était pas sur le livre, et la loi n'exige que celui de l'éditeur ou de l'imprimeur, l'aurait-on saisi ? Refuserait-on de rendre les feuilles imprimées ?

Enfin, Messieurs, et ceci frappera vos esprits, la saisie du 19 janvier 1863 n'est pas la première tentative de ce genre qui ait été essayée.

En 1860, un publiciste éminent, que les événements ont éloigné de la vie politique, a voulu publier un livre dont le titre était celui-ci : *Vues sur le Gouvernement de la France*. Ce livre a été saisi, et malgré l'existence et l'autorité d'une décision qui annulait la saisie parce qu'elle avait précédé la publication, M. le préfet de police a longtemps refusé la restitution du livre. M. le duc de Broglie, c'était l'auteur, fut contraint aussi d'invoquer ses droits devant les Tribunaux civils, et alors on produisit, comme à l'occasion de l'*Histoire des Princes de Condé*, la thèse des actes administratifs et de l'art. 75 de la Constitution de l'an VIII. Je sais bien, Messieurs, que la saisie de l'ouvrage de M. le duc de Broglie a fini par tomber tout à fait, et que les volumes ont été restitués ; mais ce qui s'est passé en 1860 ne justifierait-il pas au besoin nos préoccupations ?

J'ai fourni, Messieurs, la preuve du fait que j'avais avancé, j'arrive à la discussion juridique, et je vais apprécier, d'une manière générale, la valeur des moyens qui sont invoqués par l'administration ; mais, afin de bien conserver sa couleur à la première partie de notre argumentation, je vous prie d'oublier un instant même les sentiments que peut éveiller dans votre esprit comme dans le nôtre le souvenir d'une famille qui, pendant près de vingt années, a régné sur notre pays, et les sympathies que doivent inspirer les douleurs de l'exil auxquelles cette famille est condamnée.

Comment, en quels termes, Messieurs, la question générale peut-elle et doit-elle être posée ?

Nous croyons qu'il faut la poser de la manière suivante :

Nos lois sur la presse forment-elles une législation spéciale et complète ? Ont-elles voulu, en présence de l'ardeur des luttes politiques auxquelles la Presse se trouve inévitablement mêlée, préciser et limiter les pouvoirs dont le gouvernement est demeuré investi pour protéger les intérêts sociaux et se défendre lui-même au milieu de ces luttes ? Ont-elles voulu assurer ainsi à tous et à chacun dans la mesure du droit, l'inviolabilité d'une liberté exposée plus que toute autre aux dangers des entraînements de l'autorité ?

Si tel est l'esprit et le caractère de nos lois sur la presse, ces lois ont-elles laissé subsister, à côté des mesures préventives ou répressives qu'elles ont organisées, ce que l'on appelle les saisies administratives ou les mesures de haute police ? N'ont-elles pas au contraire, interdit, défendu ces saisies ou ces mesures ?

Et si elles les ont interdites, le Conseil d'Etat ne doit-il pas mettre au néant les décisions ministérielles qui, en prescrivant ou en refusant d'annuler des saisies de cette nature, auraient violé la loi, porté atteinte aux libertés qu'elle consacre et méconnu la propriété privée?

Voilà, Messieurs, les questions à discuter et à résoudre, et parmi ces questions celle qui sollicite d'abord notre attention c'est celle qui a trait à votre compétence.

Est-il vrai, Messieurs, que nous ayons eu tort de nous adresser à vous? Est-il vrai qu'après avoir inutilement protesté devant l'autorité judiciaire contre la saisie du 19 janvier 1863 et contre la confiscation dont cette saisie est devenue l'origine, nous vous aurons aussi inutilement déféré la décision ministérielle qui maintient cette saisie et cette confiscation?

Nous ne saurions le croire, et nous devons dire que si cette nouvelle exception n'a pas excité en nous une grande surprise, elle nous a cependant péniblement impressionné.

Il faut l'étudier avec soin, car elle a une extréme importance.

Et d'abord, elle intéresse le Conseil d'Etat lui-même, puisqu'elle touche à ses prérogatives et met en question la nature et l'étendue de ses pouvoirs. Mais, Messieurs, il ne saurait me convenir de traiter ce côté de la question. Les hommes éminents devant qui j'ai l'honneur de porter la parole savent combien est haute et nécessaire la mission protectrice que la constitution et la loi leur ont confiée; ils ne la laisseront pas altérer ou amoindrir.

L'exception d'incompétence touche en second lieu aux intérêts des citoyens; sous ce rapport, elle nous appartient, et plus est grande notre confiance dans les lumières, dans la justice, dans l'impartialité du Conseil d'Etat, plus vous comprendrez, Messieurs, la vivacité avec laquelle nous ne pouvons nous empêcher de défendre votre droit, qui est aussi le nôtre.

Avons-nous donc pu vous déférer la décision de M. le ministre de l'intérieur? Je dis, Messieurs, la décision de M. le ministre, car c'est elle que nous attaquons devant vous; les autres actes tomberont par voie de conséquence, et le décret de l'Empereur fera ce que la décision ministérielle aurait pu et dû faire.

Que nous eussions le droit de demander au ministre l'annulation de la saisie administrative du préfet de police, son subordonné, on ne le contestera pas.

Que nous eussions le droit de nous adresser à l'Empereur, pour obtenir l'annulation de la décision de son ministre, on ne le contestera pas davantage.

Eh bien ! c'est à l'Empereur que nous nous sommes adressés. Pourquoi se déclarerait-il incompétent ?

Sans doute, les recours à l'Empereur ont lieu, soit dans une forme gracieuse, soit dans la forme contentieuse, et cette dernière forme ne peut pas toujours être admise. Mais à quels signes doit-on reconnaître la voie qu'il faut choisir ? Permettez-moi, Messieurs, de le rappeler en peu de mots.

On n'est tenu de suivre la voie gracieuse que quand on fait appel à la seule équité et à la toute-puissance du Souverain.

Or, ce n'est pas là l'attitude que Mgr le duc d'Aumale et M. Michel Lévy ont prise ni voulu prendre.

Ils se sont adressés à la justice de l'Empereur ; ils l'ont considéré comme le juge suprême, et ils ont entendu invoquer devant lui la loi générale et leur droit individuel. Ils lui demandent de prononcer, sous l'inspiration des devoirs du magistrat qui veille à l'exécution des lois.

Et c'est parce que, Messieurs, quand on parle au Souverain au nom du droit et de la loi, sa mission s'élève et sa responsabilité grandit, que notre Constitution, dont j'admire ici la sagesse, exige que vous l'éclairiez de vos lumières et que vous allégiez sa responsabilité en la partageant. Votre avis lui-même est entouré de toutes les garanties d'une instruction régulière, et sa force est si grande que l'Empereur ne peut s'en écarter sans l'éclat d'une déclaration publique insérée au *Moniteur*.

Ainsi, Messieurs, nous n'aurions pas pu priver le chef de l'Etat de votre concours, car nous invoquons la loi méconnue, notre droit violé, et c'est à vous, à vous seuls, que dans ces circonstances il appartient de dire à l'Empereur quel est le droit et quelle est la loi.

Donc, vous êtes compétents, et maintenant nous pouvons vous démontrer que nos lois n'admettent, en matière de presse, ni les saisies administratives, ni les mesures de haute police,

Pour faire cette démonstration, il nous faut interroger d'abord l'esprit général et les textes des lois qui régissent aujourd'hui la liberté de la presse ; nous essaierons ensuite d'éclairer leurs dispositions en les comparant à celles qui les ont précédées ou suivies, et même au projet particulier dont le Corps législatif se trouve en ce moment saisi.

Nous ne sommes pas. Messieurs, au nombre de ceux qui pensent que la publicité par la voie de la presse doit jouir de franchises sans limites.

Le droit d'écrire, ou plutôt le droit de publier les œuvres de la pensée, car c'est toujours de la publication que les lois s'inquiètent, rencontre sa limite et sa mesure, partout où on trouve ce droit dominé par un devoir individuel ou collectif.

Il faut donc que la presse soit libre assurément, mais il faut qu'elle respecte les droits et les intérêts des personnes, ceux des familles, ceux de la société, comme aussi le gouvernement du pays, dont la mission est de protéger l'exercice légitime de tous les droits, d'assurer le développement complet de l'activité sociale, et de poursuivre, conformément aux lois, la répression des infractions à leurs dispositions protectrices.

Quelle sera la part due à la liberté? quelle sera celle accordée à l'autorité? C'est parce qu'il faut nécessairement concilier ces deux grands intérêts que le problème demeurera longtemps encore à résoudre. Dans notre société, trop profondément agitée, nos lois oscillent, selon les difficultés des temps, du côté de la liberté ou de l'autorité, sans rencontrer un juste point d'équilibre.

Mais la difficulté même de ce problème nous indique que toutes les fois que le législateur s'est efforcé de le trancher, il a du moins voulu ne rien laisser abandonné à l'incertitude et à l'arbitraire.

Il a défini avec soin les délits et les crimes, et il n'a pas apporté moins de sollicitude à organiser les pouvoirs du gouvernement au moyen d'un système déterminé de mesures préventives ou répressives.

Eh bien! dans les lois qui nous régissent aujourd'hui, dans le système qu'elles ont établi, l'autorité est-elle armée du droit de saisir les écrits ? Lui a-t-on conféré le pouvoir de les supprimer? Ce droit et ce pouvoir existent, mais, et c'est là ce que vous remarquerez, ils n'ont pas été laissés entre les mains de l'autorité administrative pour laquelle ils seraient un danger plutôt qu'une véritable force. Je me trompe, il faut distinguer entre la saisie, le maintien de la saisie et la suppression, et il faut distinguer aussi entre la presse périodique et la presse non périodique.

La presse périodique est régie par le décret du 17 fevrier 1852, tandis que les livres sont encore placés sous l'empire de la loi de 1819.

Or, la loi de 1819 n'a permis aux agents administratifs, qu'une sorte de saisie provisoire, et elle a confié aux magistrats la saisie elle-même ; elle veut que les Tribunaux seuls aient le droit et le pouvoir de maintenir la saisie et d'ordonner la suppression des écrits dont ils reconnaissent la culpabilité.

Cette loi, qui remonte aux temps de la Restauration, laisse-t-elle en outre à l'autorité administrative la faculté de faire ce que l'on appelle des saisies administratives suivies de confiscations administratives? Non, incontestablement non, et ces sortes de saisies et de confiscations sont au contraire si énergiquement interdites, que contre elles et pour en prévenir le retour, le législateur a commandé et dicté ses volontés dans une forme de langage qui ne permet aucune équivoque.

Je lis, Messieurs, l'art. 11 de la loi du 26 mai 1819 : « A dé-
» faut par la Chambre du conseil du Tribunal de première ins-
» tance d'avoir prononcé dans les dix jours de la notification
» du procès-verbal de saisie, la saisie sera *de plein droit* péri-
» mée; elle le sera également à défaut par la Cour royale
» d'avoir prononcé sur cette même saisie dans les dix jours du
» dépôt en son greffe de la requête, que la partie saisie est au-
» torisée à présenter à l'appui de son pourvoi contre l'ordon-
» nance de la Chambre du conseil.

» *Tous les dépositaires des objets saisis seront tenus de les*
» *rendre au propriétaire* sur la simple exhibition du certificat

» des greffiers respectifs constatant qu'il n'y a pas eu d'ordon-
» nance ou d'arrêt dans les délais ci-dessus prescrits. »

Ainsi, Messieurs, une saisie qui n'est pas maintenue par l'autorité judiciaire, une suppression qui n'a pas été prononcée par
les magistrats, est une violation flagrante de la loi de 1819.

J'ajoute immédiatement que l'esprit de cette loi est éclairé
même par le décret du 17 février 1852 et par conséquent par
l'œuvre du Souverain qui réunissait alors dans ses mains le
pouvoir exécutif et le pouvoir législatif.

Contre les journaux, le décret du 17 février 1852 admet la
saisie et la suppression par la voie administrative, mais en dé-
rogeant d'une manière aussi grave et aussi profonde aux lois
antérieures, il veut, du moins, que cette suppression ne puisse
être ordonnée que par un décret de l'Empereur et il exige que
ce décret soit inséré au *Moniteur*.

En sorte que le décret du 17 février 1852, exclut et condamne,
aussi bien que la loi de 1819, la saisie et la confiscation administratives et arbitraires auxquelles prétendent M. le préfet de police de la Seine et M. le ministre de l'intérieur.

On ressuscite ces saisies et ces confiscations à l'aide d'un mot
qui nous effraie : ce sont, dit-on, des mesures de *haute police*,
et sous cette forme, on aurait le pouvoir indéfini de supprimer
les écrits, de laisser les lois inexécutées et de dépouiller les magistrats eux-mêmes de leur autorité! Je ne puis le croire, car il
n'y aurait pas un seul des crimes prévus et punis par les lois sur
la presse qui n'autorisât les mêmes saisies et les mêmes confiscations que l'histoire des princes de Condé pendant les XVIe
et XVIIe siècles.

En effet, quels sont ces crimes? Je ne fais que les indiquer :
La provocation aux crimes contre la sûreté intérieure de l'Etat ;
l'excitation à la haine et au mépris du gouvernement de l'Empereur ; les attaques contre les droits et l'autorité que l'Empereur tient du vœu national et de la constitution, contre la constitution elle-même, contre le principe de la souveraineté du
peuple et du suffrage universel; les provocations adressées à
l'armée pour la détourner de son devoir, etc., etc.

Certes, Messieurs, si des mesures dites de *haute police* pouvaient jamais suffire à justifier des saisies et des confiscations

administratives, c'est à côté de ces crimes que vous les trouveriez inscrites dans nos lois. Elles n'y sont pas autorisées, donc elles y sont interdites.

Je crois ma démonstration complète, et cependant, pour ne rien laisser dans l'ombre à l'occasion d'un aussi grave sujet, permettez-nous d'interroger les lois antérieures; quelques mots suffiront.

Les saisies et les confiscations administratives ne sont pas d'invention récente. Elles existaient avant les lois de 1819. Nous les trouvons sous le régime impérial dans l'art. 26 du décret du 5 février 1810. Nous les trouvons aussi dans l'art. 15 de la loi de 1814, avec la Restauration.

Sous la loi de 1814, la saisie et la confiscation administratives étaient les tristes compagnes de la censure, avec laquelle elles ont dû disparaître. Les rétablir maintenant, ce serait les faire revivre destituées même des garanties que la presse rencontrait contre la cens ure dans le recours aux hautes commissions qui n'existent plus aujourd'hui.

Après la loi de 1819, et encore sous la Restauration, les saisies et les confiscations administratives ont été un instant rétablies contre la presse par les ordonnances de juillet 1830. Trop exclusivement préoccupé des périls dont il se sentait menacé et qu'il imputait surtout à la presse, le gouvernement qui présidait alors aux destinées de la France crut pouvoir, par une sorte de résolution de haute politique dont il acceptait la responsabilité devant le pays, rétablir la saisie et la confiscation administratives, et en violant les lois il provoqua une révolution.

A Dieu ne plaise, Messieurs, que nous revoyons ces luttes e ces troubles ; mais je devais rappeler, à l'appui de l'interprétation de nos lois, ces enseignements de l'histoire qui nous disent, comme les lois elles-mêmes, que les saisies et les confiscations administratives sont et doivent demeurer illégales, alors même qu'on les couvrirait du nom dangereux de mesures de haute police.

Il me reste, pour terminer la première partie de ma discussion, à dire quelques mots de la théorie des *actes politiques ou de gouvernement*, que dans tous les cas il ne faudrait pas confondre avec les mesures de haute police purement ministérielles.

Les actes de gouvernement ne peuvent pas être déférés à l'Empereur par la voie contentieuse, nous le reconnaissons ; mais à quels signes reconnaître les actes de gouvernement et quelle autorité en déclarera le caractère ?

Vous êtes, Messieurs, les juges suprêmes en matière de compétence, et si, pour paralyser l'exercice et l'indépendance de vos pouvoirs, il suffisait d'alléguer l'existence d'un acte de gouvernement ou d'une mesure de police, vous auriez cessé d'être les arbitres supérieurs chargés de prononcer sur toutes les difficultés administratives contentieuses et de régler même les conflits. Vous êtes donc vous-mêmes les gardiens et les juges de votre compétence et vous appréciez toujours les actes qui vous sont déférés.

Quant aux caractères des actes de gouvernement, nous croyons avec M. Dareste que ces actes ne peuvent émaner que du Souverain, et qu'ils doivent avoir été permis par la constitution ou par les lois.

Les traités internationaux sont des actes de gouvernement autorisés par la constitution, et si nous cherchons dans les lois des actes de cette nature autorisés par leurs dispositions, nous en rencontrons, même en matière de presse, dans le décret du 17 février 1852.

L'art. 32 de ce décret permet, dans certains cas, à l'Empereur de supprimer un journal *par mesure de sûreté générale*, et c'est là, assurément, un acte de gouvernement ou de haute police. Mais, est-ce que jamais un droit, un pouvoir aussi exorbitant ont été conférés aux agents administratifs, au préfet de police ou au ministre lui-même ?

Le décret du 17 février 1852 va disparaître pour faire place à une loi nouvelle inspirée par un retour aux idées de liberté. Le projet de loi dont le Corps législatif est saisi ne laisse plus, même à l'Empereur, le pouvoir dont le chef de l'Etat s'était investi en 1852. Faut-il donc croire, faut-il donc admettre qu'en sacrifiant à la liberté les prérogatives de l'autorité souveraine, la loi nouvelle aura virtuellement réservé aux ministres, aux préfets, aux maires, les saisies sans juges, les suppressions sans la garantie de l'autorité judiciaire et par simple mesure de police ?

Si cela devait être, il ne faudrait pas le taire, mais le dire dans la loi.

Messieurs, on ne peut pas parler dans cette affaire de la théorie des actes de gouvernement, sans réveiller le souvenir des décrets de 1852 sur les biens, ou du moins sur une partie des biens de la famille d'Orléans. Je me bornerai sur ce point à vous faire remarquer que ces décrets ne sauraient être confondus avec les mesures administratives dont nous vous signalons aujourd'hui le caractère abusif.

En 1852, le chef de l'Etat avait pensé qu'il ordonnait une *restitution* au domaine de l'Etat, et son décret semblait avoir l'autorité et la forme non pas seulement d'un décret ordinaire, mais d'une loi, parce qu'il avait été rendu à une époque où le pouvoir exécutif et le pouvoir législatif étaient réunis exceptionnellement dans ses mains. Enfin, c'est comme juges en matière de conflit que vous avez apprécié le décret de 1852, et vous avez déclaré seulement qu'il constituait un acte politique et de gouvernement dont l'exécution et les effets ne pouvaient pas être soumis à l'appréciation de l'autorité judiciaire.

Dans l'espèce actuelle, il s'agit de principes tout-à-fait différents. Il s'agit d'un livre dont la propriété n'est ni douteuse ni contestée ; il s'agit d'une saisie et d'une confiscation dont on n'essaie pas de justifier la légalité. Or, quand on a présenté devant les Tribunaux cette saisie comme une saisie administrative; quand ensuite le ministre a refusé d'annuler l'acte illégal de son subordonné, et aussi de restituer ce que l'administration n'a pas le droit de garder ; quand enfin c'est une mesure de haute police que l'on invoque devant vous pour vous empêcher de juger, comme on a empêché l'autorité judiciaire de rendre une décision conforme à la loi, je n'hésite pas à dire que l'Empereur doit annuler la décision de son ministre, parce que cette décision est contraire non pas seulement à l'équité, mais à la loi, au droit, à la justice.

J'ai épuisé, Messieurs, la série des principaux arguments que j'avais à vous présenter sur la question générale. J'aborde maintenant la question spéciale.

L'auteur de l'ouvrage publié par M. Michel Lévy est un prince de la famille d'Orléans. Cette circonstance peut-elle justifier la décision et la doctrine de M. le ministre de l'intérieur?

Ici, Messieurs, nous rencontrons les lois d'exil que nos révolutions nous ont appris à connaître, et ce n'est pas sans une douloureuse émotion que nous allons jeter les yeux sur ces lois, dont toutes les familles qui ont eu le périlleux honneur de gouverner la France ont tour à tour éprouvé les rigueurs.

Vous serez comme nous portés à ne pas en étendre les sévérités, et lorsque ces lois se seront bornées à condamner les exilés à vivre sur une terre étrangère et à vendre leurs biens situés en France, vous n'ajouterez pas à ces cruelles dispositions l'interdiction plus cruelle encore d'écrire quelques pages de l'histoire de notre pays.

Le décret de 1852 n'a été qu'une reproduction textuelle des ordonnances de 1816 et de 1832, et si, sous le premier Empire, on imprimait librement à Paris un *Essai sur la vie du grand Condé*, dû à la plume d'un prince de la maison de Bourbon, sous le gouvernement royal, les études politiques et sociales du prince Louis-Napoléon étaient aussi librement publiées à Paris. Ce n'est pas l'Empereur qui voudra méconnaître aujourd'hui la liberté, le droit qui furent chers autrefois au prince frappé d'exil.

Le projet de loi sur la presse périodique propose de défendre d'insérer dans les journaux des articles rédigés par des personnes bannies ou exilées. Mais outre que c'est là une prohibition nouvelle, elle n'existe pas dans les lois générales de la presse, et le gouvernement n'a pas demandé de l'étendre aux livres.

Nous avons lu dans une circulaire ministérielle, du 13 mai 1861, que les condamnations pénales ne pourraient pas être exécutées contre les exilés, et que dès lors on doit interdire la publication de leurs écrits. Mais n'est-ce pas là à la fois une exagération et une erreur?

On ne peut pas exécuter les condamnations pénales prononcées contre des étrangers ou même contre des Français qui sont en pays étranger. Irez-vous pour cela les priver de la liberté d'écrire?

On peut poursuivre, on peut condamner, et si l'exécution du

jugement rencontre des obstacles ou des difficultés, cela ne suffit pas pour faire disparaître le droit.

D'ailleurs, ce n'est pas, en matière de presse, l'auteur d'un livre qui commet le délit, c'est le *publicateur*, et le publicateur, celui qui édite, celui qui imprime, sont en France et subissent la responsabilité des infractions à la loi.

Dans l'espèce, l'éditeur, c'est M. Michel Lévy ; l'imprimeur, M. Claye ; et M. Michel Lévy ne redoute pas, il appelle, au contraire, un examen, une responsabilité qu'on lui refuse en supprimant un ouvrage dont on connaît le mérite, l'impartialité, l'élévation, et que l'on ne pourrait pas faire condamner.

M. le préfet de police a entre ses mains non pas l'histoire de la maison de Condé, comme on l'a dit par erreur dans le procès-verbal de saisie et dans la décision ministérielle, mais l'histoire des princes de Condé pendant les XVIe et XVIIe siècles. C'est une étude bien éloignée de nos agitations modernes. Si cependant elle contient un délit, c'est le droit, c'est le devoir de M. le préfet de police de la déférer à l'autorité judiciaire et de faire maintenir la saisie ou même supprimer l'ouvrage par les Tribunaux.

Mais, puisque l'on n'a pas poursuivi l'éditeur responsable, M. le ministre devait faire cesser la saisie administrative du 19 janvier 1863, et le Conseil doit annuler la décision ministérielle qui a refusé à M. Michel Lévy, à un citoyen Français demeuré dans la plénitude de ses droits, la reconnaissance de son droit violé par un fonctionnaire de l'ordre administratif.

Le contrat que M. Michel Lévy a fait avec Mgr le duc d'Aumale est un contrat parfaitement licite. Avant de publier l'histoire des princes de Condé, M. Michel Lévy a averti l'autorité administrative dès le mois d'avril 1862. Le silence de l'administration a autorisé jusqu'à un certain point les dépenses que la publication annoncée devait entraîner, et lorsqu'au moment où, en janvier 1863, 4,000 exemplaires allaient être mis en vente et livrés à la publicité, un commissaire de police a mis la main sur ces 4,000 exemplaires. C'est donc une propriété, c'est une chose appartenant à M. Michel Lévy que l'on a saisie.

En même temps que Mgr le duc d'Aumale, M. Michel Lévy

vous dénonce la violation de son droit. Lui refuser des juges, s'il est coupable, lui refuser sa propriété, s'il est innocent, ce serait le rendre victime d'un déni de justice et d'une confiscation auxquels l'Empereur et le Conseil d'Etat ne s'associeront pas.

M. Aucoc, commissaire du gouvernement :

Le Conseil connaît les faits qui ont donné lieu aux recours portés devant lui, et les décisions successivement prises par l'autorité judiciaire et par le gouvernement ; nous n'avons pas à apprécier ces décisions. Notre tâche se borne exclusivement à examiner les recours qui vous sont soumis.

Vous avez entendu discuter deux questions : la question de compétence et la question du fond. En ce qui nous concerne, nous ne nous attachons qu'à la question de compétence. Il nous paraît incontestable que le Conseil ne peut pas connaître de la réclamation qui vient d'être si habillement soutenue.

Assurément nous ne sommes pas étonné de l'insistance qu'on a mise à vous demander de juger la question du fond, de la confiance qu'on a témoignée dans votre sagesse, dans votre impartialité. S'il y a encore dans quelques esprits des préjugés contre la juridiction administrative, ces préjugés ne peuvent être partagés par les avocats au Conseil d'Etat, qui suivent jour par jour vos traditions et qui peuvent ainsi apprécier, par expérience, toutes les garanties qu'elles donnent aux citoyens.

Mais il ne faut demander à la juridiction administrative que ce qu'il lui appartient de donner ; il ne faut s'adresser à elle que pour les matières qui rentrent dans sa compétence, et nous croyons fermement que M. le duc d'Aumale et le sieur Michel Lévy ont fait fausse route en portant leurs recours devant vous

Dans la discussion qui vient de vous être présentée, on s'est placé successivement sur deux terrains, le terrain du droit commun, le terrain de la situation spéciale faite aux princes de la famille d'Orléans. Nous pensons qu'à aucun de ces deux points de vue, l'affaire ne peut être jugée par la juridiction administrative.

Que vous a-t-on dit en discutant l'application des règles du droit commun?

Un livre a été saisi par ordre du préfet de police avant sa publication. Les lois sur la presse n'autorisent pas une saisie dans ces conditions. En tous cas, une saisie est périmée de droit, si elle n'a pas été suivie de poursuites dans un très bref délai. Le livre doit être restitué. Et, par conséquent, l'on vous demande d'annuler, pour excès de pouvoir, la décision du ministre de l'intérieur qui a refusé d'ordonner la restitution du livre ; on vous demande d'ordonner vous-même cette restitution.

Une pareille question est-elle de nature à être portée devant vous ? Il s'agit de la régularité, de la validité, des effets de la saisie d'un livre ; il s'agit de la revendication d'une propriété mobilière ! Nous cherchons vainement quelle est la disposition de loi qui vous permettrait de statuer sur cette revendication de propriété. Depuis la loi des 16-24 août 1791, ces questions sont exclusivement dans le domaine de l'autorité judiciaire. Nous n'avons d'ailleurs pas besoin d'insister sur ce point ; car, devant la Cour de Paris, l'éminent avocat de M. le duc d'Aumale, Mᵉ Hébert, a déclaré qu'il ne serait point embarrassé pour établir que ce débat n'était pas administratif ; qu'il ne devait être porté ni devant le Conseil de préfecture, ni devant le Conseil d'État, qu'il devait tout entier demeurer devant le Tribunal civil.

La décision que l'autorité judiciaire a prise sur la fin de non-recevoir opposée par le préfet de police à l'action des requérants ne peut avoir aucune influence devant vous sur la question de compétence, qui reste aujourd'hui ce qu'elle était alors.

La décision de M. le ministre de l'intérieur, qui confirme la mesure prise par le préfet de police, ne peut pas davantage créer un prétexte à votre compétence. Si l'administration, pour l'exécution d'un travail public, s'emparait d'une propriété privée et sans remplir les formalités exigées par la loi, l'autorité judiciaire serait seule compétente pour faire respecter la propriété, et la situation ne changerait pas selon qu'il y aurait ou qu'il n'y aurait pas une décision ministérielle pour ordonner cette mesure. Vous l'avez plusieurs fois jugé.

Ainsi, au point de vue du droit commun, nous ne pouvons pas admettre qu'il vous appartienne de connaître de cette affaire.

Pourriez-vous du moins statuer sur le recours à raison de ce qu'il s'agirait d'une mesure prise dans un but politique, contre un prince exilé? Et ce caractère spécial de l'affaire actuelle, sur lequel on a insisté, vous autoriserait-il à vous en saisir?

Loin de là : ce n'est pas à la juridiction administrative qu'il appartient d'appliquer les lois qui limitent les droits des princes appartenant aux familles qui ont régné sur la France et auxquelles le territoire français est interdit. On vous disait tout à l'heure que lorsqu'un acte de l'administration viole un droit, il y a nécessairement un recours ouvert devant l'Empereur en son Conseil d'Etat par la voie contentieuse, soit au fond, soit pour excès de pouvoir.

La thèse nous paraît beaucoup trop large. Nous avons déjà indiqué que pour certaines matières, par exemple les revendications de propriété, c'est à l'autorité judiciaire qu'il appartient de faire respecter le droit des citoyens.

D'autre part, la jurisprudence du Conseil d'Etat a toujours distingué parmi les actes de l'autorité publique, qu'on appelle ordinairement l'administration, les actes d'administration proprement dits, et les actes du gouvernement.

Sans doute, dans le langage vulgaire, les mots administration et gouvernement s'emploient souvent l'un pour l'autre. Mais, dans la langue de la jurisprudence et de la doctrine, ces deux termes ont un sens très-différent, et le Conseil d'Etat, délibérant comme juridiction administrative, ne s'est jamais reconnu le pouvoir de contrôler les actes du gouvernement ; il ne contrôle que les actes d'administration.

Cette théorie n'a pas été méconnue dans les observations qui viennent de vous être soumises. On a reconnu que les réclamations auxquelles peuvent donner lieu les négociations diplomatiques et leurs conséquences ne peuvent être portées devant vous ; qu'ainsi des Français établis à l'étranger ne sont pas recevables à soutenir dans cette enceinte que le gouvernement français est responsable des dommages qu'ils ont souffert faute d'avoir été protégés par lui. Et vous avez décidé, il y a peu de jours, conformément à ces traditions, que vous n'étiez pas compétents pour réviser la répartition faite par le gouvernement des sommes qu'un gouvernement étranger avait allouées pour réparer des dommages soufferts par des Français.

Mais en admettant cette règle, on essayait d'en écarter l'application par une ingénieuse distinction. On vous a dit : « Nous comprenons que les actes du gouvernement échappent au contrôle du Conseil d'Etat au contentieux, quand ils sont pris dans les limites fixées par la constitution et par les lois ; mais il n'en peut être de même pour les actes entachés d'excès de pouvoir. » Accepter cette distinction, ce serait supprimer la règle elle-même, puisque ce serait obliger dans tous les cas le Conseil d'Etat à examiner la valeur et la régularité de l'acte qui lui serait déféré, tandis quil doit s'arrêter quand il en a reconnu la nature. Aussi, votre jurisprudence ne l'a pas acceptée, et il suffit de citer à cet égard vos décisions de 1855 et 1856 sur les affaires Boulé et Simon-d'Autreville.

Or, quelle est la nature de l'acte qu'on vous défère ? On vous a dit que c'était un acte qui pouvait atteindre n'importe quel citoyen. On soutient qu'il ne suffit pas que le ministre de l'intérieur allègue qu'une semblable mesure est dictée par des raisons politiques pour que vous soyez obligés de vous déclarer incompétents. Nous admettons bien, Messieurs, qu'il vous appartient de rechercher la nature et le caractère de l'acte pour apprécier si vous êtes ou non compétents ; mais vous apercevrez aisément qu'il s'agit ici d'une mesure tout à fait exceptionnelle.

Nous n'en discutons pas le mérite et la légalité. Il ne nous appartient pas plus qu'à vous de nous prononcer à cet égard. Nous constatons seulement que c'est un acte exclusivement motivé par la situation faite depuis 1848 aux princes de la famille d'Orléans, une mesure de défense contre les attaques que le gouvernement croit avoir à redouter, par la voie de la presse, des membres d'une famille qui a régné sur la France et à qui le territoire de la France est interdit.

Ce n'est pas là une mesure d'administration, c'est un acte de l'ordre politique et gouvernemental qui, à ce titre, ne peut être soumis au contrôle du Conseil d'Etat délibérant comme juridiction administrative.

Sans doute, le sieur Michel Lévy ne se trouve pas dans la même situation que M. le duc d'Aumale ; mais les intérêts de l'éditeur d'un ouvrage sont tellement liés à ceux de l'auteur qu'il était impossible d'atteindre l'auteur sans atteindre en même temps l'éditeur, et la mesure dont se plaint le sieur Michel Lévy ne peut être considérée, à son égard, comme une mesure d'administration.

Ainsi, Messieurs, à quelque point de vue que nous nous placions, nous arrivons à cette conclusion que vous n'êtes pas compétents pour statuer sur les recours portés devant vous. Nous estimons, par ce motif, que ces recours doivent être rejetés.

Décret du 9 mai 1867.

NAPOLÉON,

Par la grâce de Dieu et la volonté nationnale, Empereur des Français,

A tous présents et à venir, Salut.

Sur le rapport de la Section du contentieux,

Vu la requête présentée pour le prince Henri d'Orléans, duc d'Aumale, contre une décision, en date du 18 juin 1866, par laquelle notre ministre de l'intérieur a rejeté les demandes formées en son non et en celui du sieur Michel Lévy, à l'effet d'obtenir l'annulation d'une mesure prise à leur égard, le 19 janvier 1863, par le préfet de police, et consistant dans la saisie des feuilles d'impression d'un ouvrage dont le duc d'Aumale est l'auteur et le sieur Michel Lévy l'éditeur ; la dite requête enregistrée au secrétariat de la section du contentieux de notre Conseil d'Etat le 13 août 1866, et tendant à ce qu'il nous plaise : annuler, pour excès de pouvoir, la décision ministérielle et l'acte du préfet de police précités ; ordonner, en conséquence, la restitution des objets indûment saisis par ce fonctionnaire, en sorte que le duc d'Aumale puisse exercer le droit qu'il aurait de faire achever l'impression de son ouvrage, conformément aux lois ;

Vu la requête présentée pour le sieur Michel Lévy, éditeur,

contre la décision précitée de notre ministre de l'intérieur, en date du 18 juin 1866 ; la dite requête enregistrée comme ci-dessus, le 17 septembre 1866, et par laquelle le sieur Michel Lévy conclut aux mêmes fins que le duc d'Aumale, et demande la jonction de son pourvoi à celui du duc d'Aumale pour qu'il soit statué sur les deux pourvois par un seul décret ;

Vu la décision ministérielle attaquée ;

Vu les observations de notre ministre de l'intérieur, en réponse à la communication qui lui a été donnée des requêtes ci-dessus visées, lesdites observations enregistrées comme ci-dessus le 3 janvier 1867, et tendant au rejet de ces requêtes par le motif de l'acte dont se plaignent le duc d'Aumale et le sieur Michel Lévy, est une mesure de haute police qui ne pourrait donner lieu à un recours devant nous en notre Conseil d'Etat au contentieux ; — ensemble une dépêche du préfet de police, en date du 13 décembre 1866, dans laquelle il expose que peu de temps après la saisie des exemplaires de l'ouvrage du duc d'Aumale, il a fait connaître à l'imprimeur, le sieur Claye et à l'éditeur, le sieur Michel Lévy, qu'il était disposé à remettre les feuilles saisies à la frontière, soit à l'éditeur lui-même, soit à un chargé de pouvoir ; qu'il a même offert au sieur Michel Lévy de lui confier les feuilles saisies, à titre de sequestre et dans l'intérêt de la conservation de ces feuilles déposées aux archives de la préfecture ; — que le sieur Michel Lévy, après avoir pris les instructions du duc d'Aumale, a refusé de souscrire à ces conditions ;

Vu le mémoire en réplique présenté pour le sieur Michel Lévy, ledit mémoire enregistré comme ci-dessus, le 12 mars 1867, et par lequel le sieur Michel Lévy persiste dans les conclusions de son pourvoi ;

Vu l'acte par lequel l'avocat du duc d'Aumale déclare s'en référer aux observations contenues dans le mémoire en réplique présenté pour le sieur Michel Lévy ; le dit acte enregistré comme ci-dessus le 18 mars 1867 ;

Vu les autres pièces jointes au dossier ;

Vu la loi des 16-24 Août 1790 (titre II, art. 13), et celle des 7-14 octobre 1790 ;

Ouï M. David, maître des requêtes, en son rapport ;

Ouï Mᵉ Courot, avocat du duc d'Aumale, et Mᵉ Groualle, avocat du sieur Michel Lévy, en leurs observations ;

Ouï M. Aucoc, maître des requêtes, commissaire du gouvernement, en ses conclusions ;

Considérant que le pourvoi du duc d'Aumale et celui du sieur Michel Lévy ont le même objet ; que, dès lors, il y a lieu de les joindre pour y statuer par un seul décret ;

Considérant, d'une part, que les questions relatives à la validité de la saisie d'un livre ne sont pas au nombre de celles dont il peut nous appartenir de connaître en notre Conseil d'Etat au contentieux ;

Que, dès lors, les requérants ne sont pas recevables à poursuivre devant nous, en notre Conseil d'Etat au contentieux, la restitution des exemplaires de l'ouvrage du duc d'Aumale qui ont été saisis par ordre du préfet de police ;

Considérant, d'autre part, que la mesure par laquelle le préfet de police a prescrit, le 19 janvier 1863, la saisie desdits exemplaires, et la décision de notre ministre de l'intérieur, en date du 18 juin 1866, qui a confirmé cette mesure, sont des actes politiques qui ne sont pas de nature à nous être déférés pour excès de pouvoir, en notre Conseil d'Etat, par la voie contentieuse ;

Notre Conseil d'Etat au contentieux, entendu,

Avons décrété et décrétons ce qui suit :

Aʀт. 1ᵉʳ

Les pourvois du duc d'Aumale et du sieur Michel Lévy sont rejetés.

Aʀт. 2.

Notre garde des sceaux, ministre secrétaire d'Etat au département de la justice et des cultes, et notre ministre secrétaire d'Etat au département de l'intérieur, sont chargés, chacun en ce qui le concerne, de l'exécusion du présent décret.

ANNEXES.

I.

Paris, le 19 janvier 1863.

Nous, préfet de police, chargé de la direction générale de la sûreté publique, en exécution de la circulaire de M. le ministre de l'intérieur, en date du 13 mai 1861.

Requérons M. Marseille, commisssaire de police, de se transporter chez M. Claye, imprimeur, rue Saint-Benoît-Saint-Germain, n° 7; chez M. Michel Lévy, libraire, rue Vivienne, 2, et partout où besoin sera, à l'effet d'y rechercher et saisir tous les exemplaires d'un ouvrage de M. le duc d'Aumale, ayant pour titre : *Histoire des princes de la maison de Condé.*

De cette opération il sera dressé procès-verbal, qui nous sera transmis, avec les exemplaires saisis, pour qu'il y soit donné telle suite administrative qu'il appartiendra.

Paris, le 19 janvier 1863.

Le préfet de police chargé de la direction générale de la sûreté publique,

Signé : Boitelle.

L'an mil huit cent soixante-trois, le dix-neuf janvier, à cinq heures du soir.

Nous, Armand Marseille, commissaire de police de la ville de Paris contrôleur général des services extérieurs.

En vertu et pour l'exécution d'un mandat de perquisition décerné en date de ce jour, par M. le préfet de police, chargé de la direction générale de la sûreté publique, ledit mandat nous prescrivant de saisir partout où besoin sera tous les exemplaires d'un ouvrage de M. le duc d'Aumale, ayant pour titre : *Histoire des princes de la maison de Condé.*

Nous sommes transporté chez M. Claye, imprimeur, rue Saint-Benoît-Saint-Germain, n° 7, accompagné du sieur Molerat, inspecteur de police, attaché a u contrôle général.

M. Claye, auquel nous avons donné lecture du mandat dont nous étions porteur, a reconnu être chargé par M. Michel Lévy, libraire-éditeur, d'imprimer l'ouvrage par nous recherché. Le sieur Olmer, prote du sieur Claye, nous a déclaré, en présence de son patron, qui l'avait fait appeler, que sur 40 feuilles dont le 1er volume doit se composer, 25 feuilles avaient été tirées à 4,000 exemplaires, de même que la 1re feuille du 2e volume, et que toutes ces feuilles se trouvaient chez le sieur Langlois, brocheur, rue des Marais-Saint-Germain, 17.

Nous nous sommes alors rendu chez le sieur Langlois, qui nous connaît personnellement, parce que nous avons précédemment procédé chez lui à des actes de notre ministère, et auquel d'ailleurs nous avons fait connaître notre qualité et l'objet de notre mission.

Sur notre demande, le sieur Langlois a mis à notre disposition trente-quatre paquets de papier imprimé composant, nous a-t-il dit, le total de ce qui lui avait été livré de l'ouvrage de M. le duc d'Aumale.

Sous la surveillance de nos employés et avec le concours des ouvriers du sieur Langlois, nous les avons fait transporter dans deux voitures dites tapissières à la préfecture de police.

Nous avons ensuite, pour les rendre plus maniables, formé des trente-quatre paquets saisis, cinquante-six liasses dont nous avons fait autant de scellés munis d'étiquettes indicatives dûment signées.

Et de ce qui précède nous avons dressé le présent procès-verbal qui sera transmis aux fins de droit, à M. le préfet de police avec les pièces saisies.

Le commissaire de police contrôleur général,

Signé : A. Marseille.

II.

Jugement du Tribunal civil de la Seine, du 20 mai 1863.

Le Tribunal,

Attendu que la saisie qui donne lieu à l'action a été ordonnée par M. le préfet de police agissant en conformité d'une instruction ministérielle, et a été effectuée par l'un de ses agents requis à cet effet;

Attendu qu'elle implique l'usage du pouvoir qui lui était délégué;

Attendu qu'aux termes de l'article 75 de la constitution de l'an VIII, les agents du gouvernement ne peuvent être poursuivis pour faits relatifs à leurs fonctions sans l'autorisation du Conseil d'Etat;

Attendu que cette disposition a pour but de maintenir la séparation des pouvoirs et de prévenir le trouble qui pourrait être pour le fonctionnaire la conséquence de procès témérairement engagés;

Qu'elle trouve son application par cela seul qu'une demande portée devant un Tribunal de l'ordre judiciaire, et quel que soit son caractère, pénal ou civil, personnel ou réel, lui impute l'exercice irrégulier ou abusif de l'autorité dont il est revêtu;

Attendu que les demandeurs n'ont pas obtenu la décision nécessaire à la validité de la procédure;

Surseoit à statuer pendant trois mois;

Et condamne les demandeurs aux dépens de l'incident.

III.

Arrêt de la Cour de Paris, du 16 juillet 1864 :

La Cour,

Considérant que le préfet de police ayant fait opérer la saisie d'un livre avant sa publication, a été assigné devant le Tribnnal de la Seine pour se voir condamner à restituer cet ouvrage et aux dépens de l'instance;

Que le Tribunal a ordonné qu'il serait sursis à l'examen de la demande jusqu'à ce que la poursuite dirigée contre le préfet de police fût autorisée par le Conseil d'Etat;

Que les demandeurs ont émis appel dudit jugement et présentent devant la Cour quatre moyens, à savoir :

1o Le préfet de police ayant d'abord opposé l'incompétence du Tribunal, celui-ci devait avant tout statuer sur cette exception;

2o Les demandeurs ne dirigent point leur action contre le préfet, mais contre l'administration de la police;

3o Il ne s'agit dans la cause que d'une question de propriété;

4o Il y a eu, dans le fait dont ils se plaignent, non-seulement abus de pouvoir, mais encore usurpation de fonctions;

Sur le premier moyen :

Considérant qu'en matière de poursuites contre un fonctionnaire, l'exception tirée du défaut d'autorisation étant d'ordre public, peut être proposée en tout état de cause et doit être même suppléée d'office ;

Que l'examen de cette exception doit précéder toute discussion ;

Sur le deuxième moyen :

Considérant qu'il s'agit dans la cause d'un fait personnel de l'administrateur, lequel n'engage en rien les intérêts de l'administration elle même ;

Que celle-ci ne se prétend à aucun titre propriétaire de l'objet contesté ;

Que, en réalité, c'est la légalité de l'acte du fonctionnaire et non le droit de l'administration qui est contestée ;

Considérant que si la distinction présentée par les appelants était admise, les dispositions de la loi de frimaire an VIII et de toutes celles qui protègent les fonctionnaires publics seraient sans effet ; car il serait toujours facile de prétendre que, sous le nom de l'administrateur, on ne poursuit que l'administration, ce qui aurait, en définitive, les mêmes résultats et les mêmes inconvénients ;

Considérant d'ailleurs que les appelants ont demandé que le préfet de police fût condamné à restitution ; qu'une sentence intervenue en ces termes entraînerait par voie de conséquence des moyens de contrainte contre le défendeur ;

Qu'ainsi, en fait comme en droit, ce second moyen présenté par les appelants ne peut être admis ;

Sur le troisième moyen :

Considérant qu'il n'est pas de débat judiciaire qui n'engage directement ou indirectement des droits de propriété ; que faire de cette circonstance un motif d'attribution exclusive et directe aux Tribunaux ordinaires serait supprimer et la justice administrative et les dispositions de la loi de frimaire an VIII ;

Que nulle part, dans la loi, il n'est fait une distinction entre les procès qui engagent le droit de propriété et ceux qui pourraient ne pas l'intéresser ; que notamment aucune disposition n'établit que l'autorisation préalable à la poursuite des fonctionnaires publics n'est pas nécessaire dans le cas où une question de propriété principale ou accessoire se trouve mêlée aux réclamations des demandeurs.

Sur le quatrième moyen :

Considérant que les appelants ont soutenu à l'audience que dans l'acte dont ils se plaignent, il y a eu de la part du préfet de police non-seulement abus, mais encore excès de pouvoirs et usurpation de fonctions ; que dès lors ce fonctionnaire aurait agi en dehors de l'exercice de ses fonctions, et ne pouvait invoquer la protection de la loi de frimaire an VIII ;

Considérant, en droit, que le but de la loi de frimaire an VIII, et de toutes les dispositions analogues, est de maintenir la séparation des pouvoirs et de ne pas permettre que les faits administratifs soient appréciés par les Tribunaux ordinaires sans qu'ils l'aient été préalablement par l'autorité supérieure administrative ; que ce but ne serait pas atteint si la distinction présentée par les appelans entre l'abus de pouvoirs et l'usurpation de fonctions était admise ; qu'en effet, tout abus d'autorité implique nécessairement que le fonctionnaire a dépassé les limites de son devoir et a usurpé un pouvoir qu'il n'a pas ;

Que s'il appartenait aux demandeurs de saisir directement les juges et de supprimer la nécessité de l'autorisation préalable, en se plai-gnant ron d'un abus, mais d'un excès d'autorité, la loi serait cons-tamment éludée par une distinction que ne permettait ni son texte ni son esprit ;

Considérant, d'autre part, en fait, que l'acte contre lequel la ré-clamation est dirigée a été accompli par le préfet de police, en suite des instructions de son supérieur par les agents ordinaires de son autorité, dans un intérêt exclusivement public, et se trouve ainsi, sous tous les rapports, relatif à ses fonctions ;

Considérant d'ailleurs, et sur l'ensemble des moyens articulés par les appelans, que la loi constitutionnelle qui établit la nécessité de l'autorisation préalable n'a pas seulement pour but de mettre le pou-voir souverain en mesure de décider si le fonctionnaire a agi régu-lièrement ; qu'elle l'appelle aussi à examiner si, quel que soit le fait dont on se plaint, le gouvernement ne doit pas en décharger son agent et en prendre pour lui même la responsabilité.

Qu'une telle décision, qui se détermine par des considérations toutes spéciales, embrasse nécessairement tous les faits des agents du pouvoir et doit, par sa nature même, précéder tout examen et tout débat devant l'autorité judiciaire ;

Par ces motifs,

Et adoptant les motifs qui ont déterminé les premiers juges ;

Confirme.

IV.

Arrêt de la Chambre des requêtes de la Cour de cassation,
du 15 novembre 1865.

La Cour,

Sur le premier moyen :

Attendu que le préfet de police, après avoir opposé à l'action dirigée contre lui par les demandeurs une exception d'incompétence
ratione materiæ, a, par des conclusions postérieures invoqué la garantie constitutionnelle établie par l'article 75 de la Constitution du
22 faimaire an VIII, en faveur des agents du gouvernement pour
suivis pour les faits relatifs à leurs fonctions ;

Attendu que, dans le concours de ces deux exceptions, c'est avec
juste raison que l'arrêt attaqué se bornant à examiner la seconde, a
prononcé un sursis, et a mis les demandeurs en demeure de se
pourvoir de la décision du Conseil d'Etat nécessaire à la continuation
des poursuites;

Attendu, en effet, que la disposition de l'art. 75, fondée sur les
considérations d'ordre et d'intérêt politique, et sur le principe de la
séparation des pouvoirs administratif et judiciaire, est impérative
et absolue ;

Que le défaut d'autorisation préalable forme *in limine litis* une fin
de non recevoir que, sous aucun prétexte, les juges ne peuvent fran-
chir, et qui s'oppose expressément, non seulement au jugement du
fond, mais même à tout examen des faits du procès, soit pour en
apprécier le caractère, soit pour en déterminer la portée.

Attendu cependant que, pour statuer sur l'exception d'incompétence, cet examen préalable des faits eût été indispensable, puisque
cette exception était fondée sur un prétendu caractère administratif
attribué par le préfet aux faits articulés contre lui ;

Qu'ainsi il y avait lieu, comme l'a fait l'arrêt attaqué, de statuer
sur la fin de non-recevoir, avant toute discussion ;

Sur le moyen proposé dans le mémoire supplétif :

Attendu que le Tribunal, en prononçant le sursis, s'est borné à
mettre à la charge des demandeurs les dépens de l'incident, et que la
Cour impériale, en confirmant le jugement, n'a condamné les appelants qu'aux dépens de l'appel ; que les dépens du fond ont été ainsi
réservés ;

Attendu que ces deux décisions, dont la première n'avait pas d'ailleurs été attaquée devant le juge du second degré, n'ont fait qu'une juste et saine application de l'art. 130 du Code de procédure civile, qui veut que toute partie qui succombe soit condamnée aux dépens ;

Attendu quant à l'amende de fol appel, que la condamnation au paiement de cette amende ne peut servir de base à un pourvoi en cassation ;

Sur la première branche du deuxième moyen :

Attendu que la distinction entre le cas où l'agent du gouvernement est poursuivi personnellement, et celui où il n'est actionné que comme représentant d'une administration est sans application dans la cause ;

Que si le préfet d'un département, outre sa qualité de fonctionnaire, agent direct du pouvoir exécutif, a aussi, dans certains cas, celle de représentant soit du domaine de l'Etat, soit du domaine départemental, etc , il n'en est pas de même du préfet de police, dont les fonctions sont, par leur essence, éminemment personnelles ;

Que, chargé par les lois organiques de son institution de tout ce qui concerne le maintien de l'ordre public, il n'a point d'autre mission distincte et séparée, et qu'à ce point de vue son administration se confond avec sa personne, et ne peut en être détachée ;

Que, d'ailleurs, dans la cause, l'action se fonde exclusivement sur des faits qui n'ont pu être que l'œuvre personnelle du fonctionnaire ;

Attendu, enfin, que la distinction proposée serait, dans la plupart des cas, et spécialement dans le cas actuel, l'annulation de l'art. 75, puisqu'il serait toujours facile de déclarer, pour se soustraire à l'autorisation préalable, que l'on poursuit, non l'agent du gouvernement personnellement, mais seulement son administration ;

Sur la deuxième branche :

Attendu que, alors même que l'on admettrait avec le pourvoi que l'action des demandeurs n'était qu'une revendication mobilière, on ne pouvait en tirer la conséquence que cette action avait pu être suivie sans décision préalable du Conseil d'Etat ;

Que l'appréciation de cette revendication aurait en effet nécessité l'examen des circonstances qui avaient mis le préfet de police en possession des objets revendiqués, et qu'ainsi, par la force des choses, on se serait heurté de nouveau à l'art. 75, qui ne permet pas un pareil examen sans autorisation ;

Attendu, d'ailleurs, que la demande, si elle tendait directement à une revendication, devait avoir pour résultat nécessaire de faire dé-

clarer, au moins implicitement, que le préfet de police avait excédé
ses pouvoirs ; et qu'une telle déclaration, prononcée *de plano*, aurait
été incompatible avec le respect de la garantie constitutionnelle
réclamée par ce fonctionnaire ;

Sur la troisième branche :

Attendu qu'il est constaté en fait par l'arrêt attaqué que le préfet
de police, en faisant opérer la saisie par les agents ordinaires de son
autorité, a agi en suite des instructions de son supérieur hiérarchique, dans un intérêt exclusivement public ;

Que cette constatation suffit pour legitimer la disposition de cet
arrêt, qui a accueilli l'exception tirée du défaut d'autorisation préalable ;

Que la distinction que le pourvoi prétend établir entre l'abus de la
fonction et l'usurpation de fonctions, admissible dans certains cas,
ne peut, en présence de ces faits, être accueillie dans l'espèce ;

Que lorsqu'un fonctionnaire, ayant agi dans l'exercice de ses fonctions, réclame, comme dans la cause, la garantie constitutionnelle, il
n'appartient plus qu'au Conseil d'Etat d'apprécier si les faits dénon-
cés doivent être considérés comme un excès de pouvoirs, engageant
la responsabilité personnelle de ce fonctionnaire, ou s'ils n'ont été,
au contraire, que l'exercice légitime de son autorité ;

Rejette.

<hr>

V.

*Décret du 31 mars 1866, sur la demande en autorisation de poursuivre
M. le préfet de police de la Seine.*

Napoléon, etc.,

Vu la requête du prince Henri d'Orléans, duc d'Aumale, enregistrée
au secrétariat général de notre Conseil d'Etat le 17 janvier 1866, requête par laquelle le duc d'Aumale prétend d'abord faire décider
que, sans autorisation du Conseil d'Etat, il a le droit de poursuivre
M. Boittelle, préfet de police, devant les Tribunaux civils, à fin de
restitution d'exemplaires indûment saisis d'une *Histoire des princes de
la maison de Condé* ;

Et pour laquelle il demande subsidiairement l'autorisation d'in-
tenter ladite poursuite ;

Vu la requête du sieur Michel Lévy, libraire-éditeur, enregistrée le même jour au secrétariat général de notre Conseil d'Etat, et tendant aux mêmes fins par les mêmes motifs ;

Vu la circulaire de notre ministre secrétaire d'Etat, en date du 13 mai 1861, publiée par le *Moniteur universel* le 19 du même mois ;

Vu l'ordre donné le 19 janvier 1863 par le préfet de police, chargé de la direction générale de la sûreté publique, en exécution de la circulaire ci dessus visée, de rechercher et de saisir tous les exemplaires d'un ouvrage de M. le duc d'Aumale, ayant pour titre : *Histoire des princes de la maison de Condé ;*

Vu le procès-verbal de saisie dressé le même jour ;

Vu le jugement en date du 23 mai 1863, par lequel le Tribunal civil de la Seine, saisi d'une demande dirigée par le duc d'Aumale et le sieur Michel Lévy contre le préfet de police, en sa qualité de représentant de l'administration de la préfecture de police, a déclaré que le préfet de police a agi en conformité d'une instruction ministérielle, en faisant usage du pouvoir qui lui était délégué, et que, dès lors, l'art. 75 de la Constitution de l'an VIII lui est applicable ;

Vu l'acte d'appel fait par le duc d'Aumale, le mémoire à consulter, les consultations et plaidoiries imprimées distribuées par le duc d'Aumale à l'appui de son appel ;

Vu l'arrêt confirmatif dudit jugement, prononcé par la Cour impériale de Paris, le 16 juillet 1864, et l'arrêt en date du 15 novembre dernier, par lequel la Chambre des requêtes de la Cour de cassation a rejeté le pourvoi formé par le duc d'Aumale contre l'arrêt de la Cour de Paris ;

Vu la lettre adressée par le sieur Boittelle, préfet de police, à notre ministre secrétaire d'Etat de l'intérieur le 6 févier 1866, dans laquelle il expose que sa conduite a été dictée par la circulaire ministérielle du 13 mai 1861, et par des instructions spéciales ;

Vu la lettre, en date du 7 février, dans laquelle notre ministre secrétaire d'Etat de l'intérieur exprime l'avis que le préfet de police ayant agi en vertu des ordres qu'il a reçus, il n'y a lieu d'autoriser les poursuites ;

Vu les observations nouvelles présentées au nom du prince Henri d'Orléans, duc d'Aumale, et du sieur Michel Lévy, lesdites observations enregistrées au secrétariat général de notre Conseil d'Etat, le 5 mars 1866 ;

Vu l'article 75 de la Constitution du 22 frimaire an VIII ;

Considérant que la requête du sieur Michel Lévy et celle présentée par le duc d'Aumale ont le même objet ;

Que dès lors il y a lieu de les joindre pour être statué par un seul décret ;

Considérant que le sieur Boittelle a fait procéder à la saisie dont se plaignent le duc d'Aumale et le sieur Michel Lévy en sa qualité de préfet de police chargé de la direction générale de sûreté publique, et que l'article 75 de la Constitution précitée est applicable ;

Considérant que le sieur Boittelle a agi en vertu des ordres de notre minsistre secrétaire d'Etat de l'intérieur, son supérieur hiérarchique ;

Notre Conseil d'Etat entendu,

Avons décrété et décrétons ce qui suit :

Art. 1er. N'est pas accordée l'autorisation demandée par le prince Henri d'Orléans, duc d'Aumale, et par le sieur Michel Lévy, de poursuivre le sieur Michel Boittelle, préfet de police, à raison de la saisie de l'*Histoire des princes de la maison de Condé.*

Art. 2. Notre ministre d'Etat et notre minstre secrétaire d'Etat de l'intérieur sont chargés, chacun en ce qui les concerne, d'exécuter le présent décret.

———

VI.

Décision de M. le ministre de l'intérieur, du 18 *juin* 1866.

Paris, le 18 juin 1866.

Monsieur,

Vous avez déposé le 9 juin, au ministère de l'intérieur, au nom de M. le duc d'Aumale et de M. Michel Lévy, deux demandes en annulation de la mesure prise par M. Boitelle, préfet de police, chargé de la direction de la sûreté publique, le 19 janvier, relativement à une histoire des princes de la maison de Condé.

Cette mesure avait été prescrite par le ministre chargé du département de l'intérieur ; M. le duc d'Aumale et M. Michel Lévy ont successivement saisi l'autorité judiciaire et le Conseil d'Etat, enfin un décret impérial du 31 mars 1866 a refusé aux requérants l'autorisation de poursuivre le préfet de police en constatant qu'il avait agi en vertu des ordres de son supérieur hiérarchique.

Dans cette situation, il ne saurait y avoir lieu de revenir sur la décision du 19 janvier 1863, et j'ai l'honneur de vous en informer.

Agréez, etc.

Le ministre de l'intérieur,

Signé : LAVALETTE.

VII.

Avis et déclaration de M. le ministre de l'intérieur, du 3 janvier 1867.

Monsieur le ministre et cher collègue,

J'ai l'honneur de renvoyer à Votre Excellence, avec les observations que la section du contentieux m'a demandées, le 6 novembre dernier :

1º La requête présentée par M. le duc d'Aumale contre une décision en date du 18 juin précédent, par laquelle j'ai rejeté sa demande tendant à l'annulation d'un arrêté en date du 19 janvier 1863, par lequel le préfet de police a ordonné la saisie chez l'éditeur, M. Lévy, de feuilles imprimées se rattachant à un ouvrage dont M. le duc d'Aumale est l'auteur, ladite demande tendant en outre à la restitution des feuilles saisies ; 2º la requête présentée aux mêmes fins par le sieur Michel Lévy.

Je ne suivrai pas les requérants dans la discussion à laquelle ils se livrent pour établir que la saisie prescrite par M. le préfet de police était illégale et qu'elle porte atteinte à leur droit de propriété.

L'acte dont ils se plaignent est une mesure de haute police dont le gouvernemeut accepte la responsabilité, mais qui ne lui paraît pas de nature à être déféré au Conseil d'Etat par la voie contentieuse

Agréez, etc.

Signé : LAVALETTE.

Paris.—Imp. de E. Brière, rue St Honoré, 257.

* 9 7 8 2 0 1 2 9 8 5 1 7 9 *